Le Hanno Dette …

Volume 2

A cura di **Antonio Pittau**

Dedicato ai miei

✻

L'illusione fondamentale dell'umanità consiste
nel supporre che io sono qui e tu sei lì.
(Yasutani Roshi)

✻

Una volta si diceva che l'uomo è sempre bello.
Poi sono nato io....
(Pippo Franco)

✻

L'uomo mangia anche con gli occhi, specie se
la cameriera è carina.
(Ugo Tognazzi)

✻

Amo Topolino più di quanto abbia amato
qualsiasi donna.
(Walt Disney)

✻

Date a Cesare quel che è di Cesare e rendete a
Dio quel che è di Dio.
(Evangelista Matteo)

✻

Dimmi quello che vorresti essere e ti dirò quel
che non sei.
(Henri Frédèric Amiel)

＊

Un'amicizia fondata sugli affari è meglio di affari fondati sull'amicizia.
(John Davison Rockefeller jr.)

＊

Lo sparo di una pistola spaventa, ma l'attesa dello sparo terrorizza.
(Alfred Hitchcock)

＊

La sincerità della donna è la prova del suo totale disinteresse.
(Helmar Nahr)

＊

Il modo più facile di sopportare una disgrazia è vedere un nemico stare peggio.
(Talete)

＊

La ferocia del moralisti è superata soltanto dalla loro profonda stupidità.
(Filippo Turati)

＊

Qualunque idiota può dire la verità. Ma per mentire ci vuole intelligenza.
(Morales Baltasar)

✳

Il denaro è un ottimo servitore, ma un pessimo padrone.
(Francesco Bacone)

✳

Se curare sempre non si può, consolare sempre si deve.
(Cesare Frugoni)

✳

Se tu desideri la grande tranquillità, preparati a sudare bianche perle.
(Hakuin)

✳

Megalomania non è considerarsi più di quello che si è, ma considerarsi per quello che si è.
(Karl Kraus)

✳

Se la pubblicità non funziona, non resta che cambiare la merce.
(Edgar Faure)

✳

Contrapporre ciò che ti piace a ciò che ti dispiace, questa è la malattia della mente.
(Seng-t'san)

❋

Non condivido quello che dici, ma difenderò fino alla morte il tuo diritto a dirlo.
(Françoise Marie Arouet)

❋

Impossibile: una parola che si trova solo nel vocabolario degli stupidi.
(Napoleone Bonaparte)

❋

Chi oggigiorno vuole fare carriera deve essere un po' cannibale.
(Salvatore Dalì)

❋

Il traffico ha reso impossibile l'adulterio nelle ore di punta.
(Ennio Flaiano)

❋

Le idee non sono la verità; la verità è qualcosa che deve essere sperimentata direttamente, di momento in momento.
(Jiddu Krishnamurti)

❋

Il vero amico si riconosce nel pericolo.
(Cicerone)

❋

La felicità è un affiorare interiore; è un risveglio delle tue energie; è un risveglio della tua anima.
(Osho)

❋

Il vero miracolo non è volare in aria o camminare sulle acque, ma camminare sulla terra.
(Lin-chi)

❋

Non si nasce donna, lo si diventa.
(Simon de Beauvoir)

❋

È doppio il piacere nell'ingannar chi inganna.
(Jean de La Fontaine)

❋

I computer sono inutili. Sanno darti solo risposte.
(Pablo Picasso)

❋

Per disprezzare il denaro bisogna averne, e molto.
(Cesare Pavese)

＊

Confidarsi con qualcuno; questo è veramente da pazzi.
(Luigi Pirandello)

＊

Un poeta può sopravvivere a tutto tranne che a un errore di stampa.
(Andy Warhol)

＊

Prima di amare io non ho mai vissuto pienamente.
(Emily Dickinson)

＊

Non basta trarre in salvo i deboli, dopo bisogna anche sorreggerli.
(William Shakespeare)

＊

Qual è la tua faccia originaria di prima che tua madre e tuo padre nascessero?
(Koan Zen)

＊

Attento a ciò che desideri. È possibile che tu lo ottenga.
(Colin Luther Powell)

✳

Definizione di curva: la più graziosa distanza tra due punti.
(Mae West)

✳

I più grandi dolori sono quelli di cui noi stessi siamo la causa.
(Sofocle)

✳

Preferisco essere ignorante che avere la conoscenza del male.
(Eschilo)

✳

Sii il primo ad aver fede nel tuo ideale, se desideri che gli altri credano in esso.
(Inayat Khan)

✳

Io sono la tipica bellezza sarda. Ho le stesse misure di un nuraghe.
(Geppy Cucciari)

✳

La gioventù non sa quel che può, la maturità non può quel che sa.
(José Saramago)

✳

Meglio stare zitti dando l'impressione di essere stupidi, che parlare togliendo ogni dubbio.
(Confucio)

✳

Non vendere te stesso. Tu sei tutto ciò che hai.
(Janis Joplin)

✳

Sereno e tranquillo, l'uomo ideale non pratica alcuna virtù. Equa e integra, la sua mente non dimora in alcun luogo.
(Hui Neng)

✳

La forza che si oppone al destino è in realtà una debolezza.
(Franz Kafka)

✳

Fai agli altri quello che farebbero a te.
(Richard M. Nixon)

✳

In amore è più facile rinunciare a un sentimento che perdere un'abitudine.
(Marcel Prost)

✳

Veramente ricco è soltanto colui che possiede
il cuore di una persona amata.
(Greta Garbo)

✳

Questo rovescio di Lendl è potentissimo,
sembra una bomba al Nepal.
(Giampiero Galeazzi)

✳

Un bravo attore non fa mai la sua entrata
prima che il teatro sia pieno.
(Jorge Luis Borges)

✳

Diffida di tutte le iniziative che richiedono
abiti nuovi.
(David Thoreau)

✳

Dì bene del tuo nemico soltanto se sei certo
che glielo andranno a riferire.
(Ugo Ojetti)

✳

Spesso la prova di coraggio non è morire, ma
vivere.
(Vittorio Alfieri)

✻

Abbi il tuo scopo davanti a te a ogni passo che fai. Tu desideri la libertà e non devi dimenticarlo mai.
(Abdulhalik)

✻

Solo colui che tratta le sue idee gentilmente è signore delle proprie idee e solo colui che è signore delle proprie idee non è loro schiavo.
(Lin Yutang)

✻

Se sei un cantante... in televisione devi andare nell'unico posto dove veramente sarai ascoltato per quello che fai. E quel posto oggi è "X Factor".
(Adriano Celentano)

✻

Mia moglie ha perso la carta di credito. Io non ho fatto denuncia perché ho scoperto che il ladro spende di meno.
(Raul Cremona)

✻

Non consumare il tuo cuore con affanni e dolori.
(Pitagora)

✳

L'unica differenza fra un illuminato e un uomo comune è che il primo sa di essere un illuminato e il secondo non lo sa.
(Hui-neng)

✳

Chi non è padrone di sé finisce servo degli altri.
(Roberto Gervaso)

✳

Le bugie sono per natura così feconde, che una ne suole partorir cento.
(Carlo Goldoni)

✳

Tutti coloro che dimenticano il loro passato, sono condannati a riviverlo.
(Primo Levi)

✳

In una battaglia vince colui che ha fermamente deciso di vincere.
(Leone Tolstoj)

✳

La gioia non è nelle cose, è in noi.
(Richard Wagner)

＊

Un giorno senza un sorriso, è un giorno perso.
(Charlie Chaplin)

＊

Se uno stolto sta in compagnia di un saggio,
non per questo arriverà a conoscere la Via.
(Dhammapada)

＊

La mia spinta nella vita è frutto dell'orribile
paura di essere mediocre.
(Madonna)

＊

Tra i mortali è più saggio pensar due volte.
(Euripide)

＊

Il dovere è quello che ci aspettiamo dagli altri.
(Oscar Wilde)

＊

Un bel viso è il più bello di tutti gli spettacoli.
(Jean de la Bryère)

＊

La violenza non è forza, ma debolezza.
(Benedetto Croce)

✳

Tutti gli sciocchi sono audaci.
(Baltasar Gracian)

✳

Confucio disse: persone di agghindato aspetto
e di parole artificiose sono raramente virtuose.
(Lun-Yu)

✳

Nessuno può farvi sentire inferiori senza il
vostro consenso.
(Eleonore Roosevelt)

✳

Prima le mucche che impazzivano, poi i polli
con l'aviaria e adesso i maiali con l'influenza...
ci si è rivoltata contro la fattoria?
(Maurizio Crozza)

✳

Si nasce maschio o femmina ma non sempre di
diventa Uomo o Donna.
(Antonio Colosimo)

✳

La conoscenza conduce all'unità come
l'ignoranza conduce alla diversità.
(Shri Ramakrishna)

✳

Le critiche non mi importano, io sono le mie
parole.
(Bob Dylan)

✳

A cinquant'anni, ognuno ha la faccia che si
merita.
(George Orwell)

✳

La cattiveria dei buoni è pericolosissima.
(Giulio Andreotti)

✳

Che cos'è un'erbaccia? Una pianta le cui virtù
non sono state ancora scoperte.
(Ralph Waldo Emerson)

✳

L'evo moderno è finito. Comincia il medio-evo
degli specialisti. Oggi anche il cretino è
specializzato.
(Ennio Flaiano)

✳

L'arte è un appello al quale troppi rispondono
senza essere stati chiamati.
(Leo Longanesi)

✻

Volete aver amici in aiuto? Cercate di non averne bisogno.
(Alessandro Manzoni)

✻

Ciò che non fa bene all'alveare non può far bene alle api.
(Marco Aurelio)

✻

Un uomo sulla Luna non sarà mai interessante quanto una donna sotto il Sole.
(Leopold Fechtner)

✻

Chiunque dica "Non conta che tu abbia vinto o perso" probabilmente ha perso.
(Martina Navratilova)

✻

Bisognerebbe tentare di essere felici, non fosse altro per dare l'esempio.
(Jacques Prévert)

✻

Il saggio muta consiglio, ma lo stolto resta della sua opinione.
(Francesco Petrarca)

✹

Mi sento ancora pieno di energie e la televisione è un mondo che non vorrei lasciare mai.
(Pippo Baudo)

✹

Come il contadino incanala l'acqua, il fabbro raddrizza le sue frecce, il falegname lavora il legno, così il saggio lavora se stesso.
(Dhammapada)

✹

Attraverso i mass media il male viene amplificato, abituandoci alle cose più orribili e intossicandoci.
(Papa Benedetto XVI)

✹

Chi rinuncia alla libertà per raggiungere la sicurezza non merita né la libertà né la sicurezza.
(Benjamin Franklin)

✹

Mi domando, ma i genitori dei sette nani erano ubriachi quando hanno scelto quei nomi per i loro figli?
(Fabio Fazio)

✳

Il segreto del successo è la sincerità. Se riesci a fingerla, ce l'hai fatta.
(Jean Giraudoux)

✳

I 40 anni sono quell'età in cui ci si sente finalmente giovani. Ma è troppo tardi.
(Pablo Picasso)

✳

La speranza è l'ultima a morire perché muore sempre prima il paziente.
(Marco Sarà)

✳

Il denaro non da l'ingegno, ma l'ingegno dà il denaro.
(Marco Borin)

✳

Come mi sento? Come un bambino di 12 anni che saltella qua e là!
(Michael Schumacher, pilota Mercedes GP)

✳

L'ottimismo deriva da Dio e il pessimismo dalla mente umana.
(Inayat Khan)

✳

Nell'amore non bisogna mai affrettare il piacere.
(Ovidio)

✳

È meglio abbassarsi con gli umili che spartire la preda con i superbi.
(Salomone)

✳

Si vive una sola volta. E qualcuno neanche una.
(Woody Allen)

✳

Credete a chi cerca la verità, non credete a chi la trova.
(André Gide)

✳

Quanto più grande è il potere tanto più pericoloso è l'abuso.
(Edmund Burke)

✳

Adoro le mie rughe e sono stanco di essere chiamato a salvare il mondo.
(Bruce Willis)

✳

Dissimulare: virtù di re e di cameriera.
(Voltare)

✳

Considero Michelle Hunziker il più bel
capitale rientrato in Italia dalla Svizzera.
(Ezio Greggio)

✳

Non esistono persone più acide di quelle che
sono dolci per interesse.
(Luc de Vauvenargues)

✳

Dovunque l'uomo voglia vendersi trova degli
acquirenti.
(Henri Lacordaire)

✳

Tre sono le vie che conducono alla saggezza:
consapevolezza,   consapevolezza   e
consapevolezza.
(Buddha)

✳

Se cerchi di conoscere la tua mente con la
mente, non potrai evitare una gran confusione.
(Seng-ts'an)

⁂

La mia amica è talmente grassa che è l'unica
che non è ancora entrata in Europa: è rimasta
incastrata alla dogana.
(Gabriele Cirilli)

⁂

Con queste armi spezzeremo le reni a Maciste
e ai suoi compagni, a Rocco e i suoi fratelli!
Popolo di Tebe, armiamoci, e andate!
(Totò)

⁂

Grembiule nero a fiocco azzurro: per un
bambino milanista il primo giorno di scuola è
un trauma.
(Diego Abatatuono)

⁂

Biancheria intima femminile, ovvero un
insieme di impalcature che servono ad alzare
in modo direttamente proporzionale all'età.
(Giobbe Covatta)

⁂

Non ho più il fisico, come disse la moglie di
Galileo Galilei quando il figlio se ne andò di
casa...
(Roberto Benigni)

＊

Una cosa buona non ci piace se non ne siamo
all'altezza.
(Friedrich Wilhelm Nietzsche)

＊

Colui che sorride quando le cose vanno male
ha già trovato qualcuno a cui dare la colpa.
(Arthur Bloch)

＊

Pensa al non-pensiero. Come si fa a pensare al
non-pensiero? Non pensando.
(Dogen)

＊

L'imitazione è la più sincera forma di
adulazione.
(Charles Caleb Colton)

＊

Chi s'è visto s'è visto e io mi sono rotto! Disse
lo specchio appena schiantatosi a terra.
(Alessandro Bergonzoni)

＊

Non ci avvicineremo mai alla verità finché
sapremo parlare.
(Chuang-tzu)

✳

Il leone e il vitello giaceranno insieme, ma il vitello dormirà ben poco.
(Woody Allen)

✳

Ricordati che di vita ce n'è una sola. Tranne che nei videogiochi.
(Ale e Franz)

✳

Mia madre è la versione gastronomica di Robin Hood, ruba al frigo per dare a me.
(Geppi Cucciari)

✳

Se qualcuno mi avesse chiesto di sposarmi, me ne sarei accorta.
(Marta Cecchetto)

✳

L'arma più potente dell'ignoranza: la diffusione di materiale stampato.
(Lev Nikolaevič Tolstoj)

✳

È pericoloso essere sinceri, a meno di essere anche stupidi.
(George Bernard Shaw)

✳

Gli uomini colti sono superiori agli incolti nella stessa misura in cui i vivi sono superiori ai morti.
(Aristotele)

✳

Ragazzi e giovani, riscoprite il dono dell'eucarestia come luce e forza per vivere pienamente la bellezza della vostra età.
(Papa Giovanni Paolo II)

✳

Odio la televisione. La odio come le noccioline. Ma non riesco a smettere di mangiare noccioline.
(Orson Welles)

✳

È così che in Italia avete costruito calciopoli.
(Josè Mourinho, dopo un rigore negato)

✳

Ci vuole una grande fortuna per fare fortuna.
(Jean de La Bruyère)

✳

Il meglio della vita sono le illusioni della vita.
(Honoré de Balzac)

✽

Nella mente del novizio ci sono molte possibilità, ma nella mente dell'esperto ve ne sono poche.
(Shunryu Suzuki)

✽

Meglio perire per mano degli stupidi che avere degli elogi.
(Anton Cechov)

✽

L'amore non si dice, si fa.
(Chiara Zucconi)

✽

Una porta è quella cosa di cui un cane è sempre dalla parte sbagliata.
(Ogden Nash)

✽

Quello che manca agli oratori in profondità ve lo danno in lunghezza.
(Montesquieu)

✽

Per i tiranni la clemenza è un modo elegante di farsi pubblicità.
(Jean Anouilh)

✳

La vita ha spesso una trama pessima.
Preferisco di gran lunga i miei romanzi.
(Agatha Christie)

✳

Se non puoi avere quello che vuoi, cerca di
volere quello che puoi avere.
(Ibn Gabirol)

✳

L'unico film in 3D che ho visto era un porno di
25 anni fa.
(Gene Gnocchi)

✳

Avevo due figurine di Riva e grazie a loro mi
sono fatta tutta la Juventus.
(Maria Teresa Ruta)

✳

E voi sapete cos'è il tartufo? Una tartina non
identificata.
(Groucho Marx)

✳

Quando pensiamo che sia giunta la fine, ecco
che un pettirosso si mette a cantare.
(Paul Claudel)

❋

La felicità consiste nel non porsi mai il problema di misurarla, di domandarsi se si è soddisfatti o no.
(George Bernard Shaw)

❋

Il cuore di una madre è un abisso in fondo al quale si trova sempre un perdono.
(Honorè De Balzac)

❋

Sono l'asso dell'aviazione tedesca.
(Barone Rosso)

❋

La felicità non è che un sogno, mentre il dolore è reale.
(Voltaire)

❋

La bellezza delle cose esiste nella mente di chi la contempla.
(Davide Hume)

❋

L'unico Zen che trovi in cima alle montagne è lo zen che porti lassù.
(Robert M. Pirsig)

＊

Ciao Cipollino!
(Massimo Boldi)

＊

I 50 anni si sentono tutti, specialmente fisicamente; chi mi sta vicino però dice che ne dimostro 15.
(Fiorello)

＊

Se non mi ascolta più nessuno, Dio mi ascolta ancora.
(Benedetto XVI)

＊

Una bugia fa in tempo a viaggiare mezzo mondo mentre la verità si sta ancora mettendo le scarpe.
(Mark Twain)

＊

Quando incontri un amico, dimentica le tue disgrazie.
(Appio Claudio Cieco)

＊

La vita e tutta un quiz.
(Renzo Arbore)

✻

Della vita non bisogna temere nulla, bisogna
solo capire.
(Marie Curie)

✻

L'amore in questo assomiglia a Dio: per
raggiungerlo bisogna crederci.
(Ugo Ojetti)

✻

Non fare agli altri quello che vorresti fosse
fatto a te, i loro gusti potrebbero essere diversi.
(George Bernard Shaw)

✻

La via di mezzo è sempre la migliore: ogni
eccesso conduce alla rovina.
(Tito Maccio Plauto)

✻

Il disegno è l'arte di condurre una linea a fare
una passeggiata.
(Paul Klee)

✻

La noia è un'invenzione di chi manca
d'inventiva.
(Alessandro Morandotti)

✻

Gli anziani che posseggono il senso dell'umorismo hanno diritto al trenta percento di sconto sull'età.
(Luciano De Crescenzo)

✻

Chi sa non parla, chi parla non sa.
(Lao Tzu)

✻

E'l naufragar m'è dolce in questo mare.
(Giacomo Leopardi)

✻

La pigrizia non è altro che l'abitudine di riposarsi prima di essere stanchi.
(Jules Renard)

✻

Il cervello è un organo favoloso. Inizia a lavorare quando ti svegli la mattina e non smette fino a quando entri in ufficio.
(Robert Frost)

✻

La meraviglia è l'effetto della novità sull'ignoranza.
(Samuel Johnson)

＊

La lettura dei libri buoni è come una conversazione con i loro autori.
(Cartesio)

＊

Sono decisamente contrario alla vecchiaia: darei tutto quello che ho per tornare a 35 anni.
(Woody Allen)

＊

L'amore è eterno, finché dura.
(Hanri de Régnier)

＊

La via del saggio è agire, ma non competere.
(Lao Tzu)

＊

Fuori della penna non c'è salvezza.
(Italo Svevo)

＊

Non penso mai al futuro arriva così presto.
(Albert Einstein)

＊

Chi ha paura non fa che sentir rumori.
(Sofocle)

＊

Sono un allenatore, mica Harry Potter, ma sono anche il tecnico ideale perché non ho paura di niente.
(Josè Mourinho)

＊

E pur si muove.
(Galileo Galilei)

＊

Ma se il tempo ripara tutto, perché io ho ancora il tubo del lavandino che perde?
(Luca Laurenti)

＊

Niente risveglia l'ambizione quanto lo squillo di tromba della fama altrui.
(Baltasar Gracian)

＊

Vi è un genere pericoloso di numismatici: i collezionisti di moneta corrente.
(Giulio Andreotti)

＊

Nulla é bene o male, se non si pensa di fare bene o male.
(William Sheakespare)

✻

Le cose peggiori sono sempre state fatte con le migliori intenzioni.
(Oscar Wilde)

✻

Mia madre cucinava così male che la nostra pattumiera aveva l'ulcera.
(Mario Zucca)

✻

Errare è umano; dar la colpa ad un altro lo è ancora di più.
(Arthur Bloch)

✻

La dignità non consiste nel possedere onori, ma nella coscienza di meritarli.
(Aristotele)

✻

Il vero giusto é colui che si sente sempre a metà colpevole dei misfatti di tutti.
(Khalil Gibran)

✻

È una sventura non essere amati, ma è un affronto non esserlo più.
(Marcel Proust)

✱

L'essere amata è per la donna un bisogno superiore a quello di amare.
(Sigmund Freud)

✱

Non ho particolari talenti, sono solo appassionatamente curioso.
(Albert Einstein)

✱

Non c'è virtù così grande che possa essere al sicuro dalla tentazione.
(Immanuel Kant)

✱

Stampando una notizia in grandi lettere, la gente pensa che sia indiscutibilmente vera.
(Jorge Luis Borges)

✱

La violenza che ci facciamo per rimanere fedeli a coloro che amiamo non è meglio di un'infedeltà.
(François de La Rochefoucauld)

✱

Tra il dire e il fare c'è una busta da dare.
(Marcello Marchesi)

*

Tra tutti gli uomini che ho conosciuto gli unici che si salvano sono quelli che devo ancora conoscere.
(Marilyn Monroe)

*

Come il vento spegne le candele e alimenta gli incendi, così la lontananza spegne i piccoli amori ed accresce le forti passioni.
(François de La Rochefoucauld)

*

È una questione di punti di vista: come gli aquiloni, che pensano che la terra sia attaccata al filo.
(Enzo Iacchetti)

*

Un computer una volta mi ha battuto a scacchi, ma non c'è stata partita con il kickboxing.
(Emo Philips)

*

L'abitudine è un abito che, indossato da giovani, ci rifiutiamo di togliere vita natural durante.
(Alessandro Morandotti)

❄

La felicità è una ricompensa che giunge a chi non l'ha cercata.
(Anton Cechov)

❄

Volete essere felici per un istante? Vendicatevi!
Volete essere felici per sempre? Perdonate!
(Henri Lacordaire)

❄

Per "deceduto per cause naturali" s'intende "morto senza l'aiuto di un medico".
(Mark Twain)

❄

Vorrei fare con te ciò che la primavera fa con i ciliegi.
(Pablo Neruda)

❄

Il matrimonio deve combattere un mostro che divora tutto: l'abitudine.
(Euripide)

❄

È prerogativa della grandezza recare grande felicità con piccoli doni.
(Friedrich Wilhelm Nietzsche)

✳

Il guaio con le donne è che non rialzano mai l'asse del gabinetto.
(Simon Nye)

✳

Cercavo disperatamente la vita. Poi mi accorsi che in questa affannosa ricerca si celava lei medesima.
(Lisandro)

✳

Se non ricordi che Amore t'abbia mai fatto commettere la più piccola follia, allora non hai amato.
(William Shakespeare)

✳

Quando la vita ti dà mille ragioni per piangere, dimostra che hai mille e una ragione per sorridere.
(Honoré de Balzac)

✳

È bello essere gamberi ogni tanto e fare qualche passo indietro. In realtà ci si muove lo stesso e si fanno passi avanti pur procedendo a ritroso.
(Gianluca C. Cadeddu)

✳

Ogni volta che mi guardo allo specchio mi convinco sempre più che Dio abbia un ottimo senso dell'umorismo.
(Matteo Molinari)

✳

I giornali inventano la metà di quello che dicono e non scrivono la metà di quel che succede, ne consegue che i giornali non esistono!
(Quino)

✳

Io ho sempre pensato che la Sorbona fosse una suora bellissima.
(Walter Gemma)

✳

"Non mi piace la bistecca che un altro ha già assaggiato", disse un forte mangiatore dell'amore. Ma poi divenne un boccone per una forte mangiatrice.
(Karl Kraus)

✳

Non aderisco all'opinione di nessun uomo: ne ho qualcuna per conto mio.
(Ivan Sergeevic Turgenev)

✳

La moderazione nel carattere è sempre una virtù, ma la moderazione nei principi è sempre un vizio.
(Thomas Paine)

✳

Osservate con quanta previdenza la natura, madre del genere umano, ebbe cura di spargere ovunque un pizzico di follia. Infuse nell'uomo più passione che ragione perché fosse tutto meno triste, difficile, brutto, insipido, fastidioso.
(Erasmo da Rotterdam)

✳

Chi ama davvero ama il mondo intero, non soltanto un individuo particolare.
(Erich Fromm)

✳

Dal giorno che tu baci una donna, non sai più di che colore sono i suoi occhi.
(Francesca Angelinelli)

✳

Se questo è il migliore dei mondi possibili, gli altri, che cosa sono?
(Voltaire)

＊

Se riveli al vento i tuoi segreti, non devi poi
rimproverare al vento di rivelarli agli alberi.
(Khalil Gibran)

＊

Aristofane è morto? E quando è successo?
Duemila anni fa! Dio, come passa il tempo.
(Totò)

＊

Ci si mette molto tempo a diventare giovani.
(Pablo Picasso)

＊

L'unica cosa da temere è la paura stessa.
(Franklin Delano Roosevelt)

＊

Il dolore è cieco per qualche tempo, e così il
mio. A nessuna cosa vivente auguro di
soffrire.
(Percy Bysshe Shelley)

＊

Meglio sa la donna nascondere l'ardore. Se per
primi non chiedessimo più pietà di baci, la
donna, vinta, chiederebbe lei.
(Ovidio)

✻

Volare è utile, atterrare è necessario.
(Eros Drusiani)

✻

L'invidia è un sentimento che divora chi lo nutre.
(Alessandro Morandotti)

✻

Pippo Baudo è l'unico che a scuola, dopo l'appello, rispondeva: "Presento".
(Fiorello)

✻

Non sto facendo niente, ma lo sto facendo molto bene.
(Raul Cremona)

✻

Per imparare le lezioni importanti nella vita ogni giorno bisogna superare una paura.
(Ralph Waldo Emerson)

✻

Dio creò Adamo dal fango, lo creò a sua immagine e somiglianza e poi gli sputò. E Adamo disse: cominciamo bene!
(Giobbe Covatta)

＊

La gloria è un veleno che passa anche attraverso il bronzo dei cuori più saldi.
(Henri Lacordaire)

＊

"Amico" è uno che ti conosce, eppure ti vuole bene.
(Jorge Luis Borges)

＊

È lui o non è lui? Ceeerto che è lui!
(Ezio Greggio)

＊

Per praticare lo Zen sono necessarie tre cose: per iniziare, la grande radice della Fede; poi il grande Dubbio; e infine una forte Determinazione per raggiungere lo scopo.
(Hakuin)

＊

Contribuisci nella misura in cui vorresti che gli altri contribuissero nelle tue stesse circostanze.
(Immanuel Kant)

＊

Dove sono gli amici, là sono le ricchezze.
(Tito Maccio Plauto)

※

L'unico modo per non far conoscere agli altri i propri limiti, è di non oltrepassarli mai.
(Giacomo Leopardi)

※

Di libri, basta uno per volta, quando non è d'avanzo.
(Alessandro Manzoni)

※

La virtù premeditata non è degna di valore.
(George Christoph Lichtenberg)

※

Mi odino pure, purché mi temano.
(Cicerone)

※

Si deve creare sistematicamente scompiglio: ciò mette in moto il processo creativo. Tutto ciò che genera contraddizione è sinonimo di vita.
(Salvador Dalí)

※

La vecchiaia ci insegna più rughe nello spirito che sulla faccia.
(Michel de Montaigne)

✳

Ci vogliono anni per costruire la fiducia e solo
pochi secondi per distruggerla.
(Paulo Coelho)

✳

Un genitore saggio lascia che i figli
commettano errori; è bene che una volta ogni
tanto si bruciano le dita.
(Mahatma Gandhi)

✳

Gli uomini stimano di più la roba degli onori.
(Niccolò Macchiavelli)

✳

... la donna della porta accanto non è mai la
donna della vostra porta accanto di casa.
(Enzo Iacchetti)

Indice Biografico dei personaggi

A

Abdulhalik
vero nome: **Mustafa Abdülhalik Renda**
(1881 - 1957) Politico turco.

Adriano Celentano
(Milano, 6 gennaio 1938) è un cantautore,
attore e imprenditore italiano. È stato
soprannominato *"il Molleggiato"* a causa del
suo modo di ballare.

Agatha Christie
All'anagrafe **Agatha Mary Clarissa Miller,
Lady Mallowan,** (Torquay, 15 settembre 1890
– Wallingford, 12 gennaio 1976), è stata una
scrittrice britannica.

Albert Einstein
(Ulma, 14 marzo 1879 – Princeton, 18 aprile
1955) è stato un fisico e filosofo tedesco
naturalizzato svizzero, divenuto in seguito
cittadino statunitense.

Alberto Moravia
pseudonimo di **Alberto Pincherle** (Roma, 28
novembre 1907 – Roma, 26 settembre 1990) è
stato uno scrittore italiano.

Ale e Franz
al secolo **Alessandro Besentini** (Milano, 11 maggio 1971) e **Francesco Villa** (Milano, 29 gennaio 1967) , sono una coppia di attori comici.

Alessandro Baricco
(Torino, 25 gennaio 1958) è uno scrittore, critico musicale e regista italiano.

Alessandro Bergonzoni
(Bologna, 28 luglio 1958) è un comico, scrittore, autore e attore di teatro italiano.

Alessandro Manzoni
vero nome **Alessandro Francesco Tommaso Manzoni** (Milano, 7 marzo 1785 – Milano, 22 maggio 1873), fu uno scrittore, poeta e drammaturgo italiano.

Alessandro Morandotti
(1958 – vivente), storico dell'arte italiano.

Alfred Hitchcock
vero nome *Sir* **Alfred Joseph Hitchcock** (Leytonstone, 13 agosto 1899 – Los Angeles, 29 aprile 1980) è stato un regista inglese.

Ambrose Bierce
vero nome **Ambrose Gwinett Bierce**
(Horse Cave Creek, 24 giugno 1842 – Messico, 11 gennaio 1914) è stato uno scrittore e giornalista statunitense.

André Gide
(Parigi, 22 novembre 1869 – Parigi, 19 febbraio 1951) è stato uno scrittore francese, premio Nobel per la letteratura nel 1947.

Andy Warhol
nome d'arte di **Andrew Warhola**
(Pittsburgh, 6 agosto 1928 – New York, 22 febbraio 1987), è stato un pittore, scultore, regista e produttore cinematografico statunitense, figura predominante del movimento pop art americano.

Anton Cechov
(29 gennaio 1860 - 2 luglio 1902) scrittore e drammaturgo e medico russo.

Antonio Colosimo
(Crotone 11 aprile 1962) scrittore italiano.

Appio Claudio Cieco
(350 a.C. – 271 a.C.) è stato un politico e letterato romano, nato di nobili origini in quanto membro dell'antica gens Claudia.

Secondo la leggenda, la sua cecità, da cui gli derivò il soprannome di *Cieco*, fu dovuta all'ira degli dèi per la sua idea di unificare il pantheon grecoromano con quello celtico e quello germanico

Aristotele
(Stagira, 384 a.C. – Calcide, 322 a.C.), è stato un filosofo greco antico, noto come il "filosofo dell'immanenza".

Arthur Bloch
(1948 - vivente) è un umorista e scrittore statunitense, autore di libri riguardanti la nota legge di Murphy.

B

Baltasar Gracian
vero nome **Baltasar Gracián y Morales**
(Belmonte de Gracián, 8 gennaio 1601 –
Tarazona, 6 dicembre 1658) è stato un gesuita,
scrittore e filosofo spagnolo.

Barone Rosso
vero nome **Manfred Albrecht Freiherr von
Richthofen** (Breslavia, 2 maggio 1892 – Vaux-
sur-Somme, 21 aprile 1918), è stato un aviatore
tedesco. Viene ricordato come un asso
dell'aviazione.

Benedetto Croce
(Pescasseroli, 25 febbraio 1866 – Napoli, 20
novembre 1952) è stato un filosofo, storico,
scrittore e politico italiano.

Benjamin Franklin
(Boston, 17 gennaio 1706 – Filadelfia, 17 aprile
1790) è stato uno scienziato e politico
statunitense.

Bob Dylan,
Vero nome **Robert Allen Zimmerman**
(Duluth, 24 maggio 1941), è un cantautore e
compositore statunitense. Distintosi anche

come scrittore, poeta, pittore, attore e conduttore radiofonico.

Bruce Willis
vero nome **Walter Bruce Willison**
(Idar-Oberstein, 19 marzo 1955) è un attore, produttore cinematografico e musicista statunitense.

Buddha - Gautama Buddha - Siddhārtha
(Lumbini, 8 aprile 566 a.C. – Kuśināgara, 486 a.C.) è stato un religioso, monaco buddhista, filosofo e asceta indiano.

C

Carlo Goldoni
(Venezia, 25 febbraio 1707 – Parigi, 6 febbraio 1793) è stato un drammaturgo, scrittore e librettista italiano.

Cartesio
vero nome **René Descartes** latinizzato in **Renatus Cartesius o Renato Delle Carte** (La Haye en Touraine, 31 marzo 1596 – Stoccolma, 11 febbraio 1650) è stato un filosofo e matematico francese. Ritenuto fondatore della filosofia moderna e padre della matematica moderna.

Cesare Frugoni
(Brescia, 4 maggio 1881 – Roma, 5 gennaio 1978) è stato un medico italiano. Cavaliere di Gran Croce Ordine al Merito della Repubblica Italiana nel 1952.

Cesare Pavese
(9 settembre 1908 - 27 agosto 1950) scrittore italiano.

Charles Caleb Colton
(1780 – 1832), scrittore collezionista eccentrico britannico.

Charlie Chaplin
Sir **Charles Spencer Chaplin**
(Londra, 16 aprile 1889 – Corsier-sur-Vevey, 25 dicembre 1977), è stato un attore, regista, sceneggiatore, compositore e produttore britannico.

Chiara Zucconi
(Pescia 27 maggio 1982) scrittrice italiana.

Chuang Tzu
conosciuto come Maestro **Zhuangzi**
(369 A.C. - 286 A.C.) E stato un filosofo e mistico cinese. Successivamente considerato tra i fondatori del *Daoismo*.

Cicerone
vero nome **Marco Tullio Cicerone** (Arpinum, 3 gennaio 106 a.C. – Formiae, 7 dicembre 43 a.C.) fu un celebre filosofo, avvocato e scrittore romano.

Colin Luther Powell
(New York, 5 aprile 1937) è un politico e militare statunitense. È stato il 65° Segretario di Stato degli Stati Uniti sotto il Presidente George W. Bush, il primo afroamericano.

Confucio

(**Kǒngzǐ** o **Kǒng Fūzǐ - Maestro Kong**)
(28 settembre 551 a.c. - 479 a.c.) è stato un filosofo cinese. La sua speculazione filosofica ha dato origine ad una intera tradizione culturale, il *Confucianesimo*: i suoi insegnamenti hanno influenzato profondamente il pensiero e lo stile di vita cinese, coreano, giapponese e vietnamita.

D

David Hume
(Ninewells, nel Berwickshire a sud di Edimburgo, 26 aprile 1711 – Edimburgo, 25 agosto 1776) è stato un filosofo e storico scozzese.

David Thoreau - Henry David Thoreau
(Concord, 12 luglio 1817 – Concord, 6 maggio 1862), è stato un filosofo e scrittore statunitense.

Dhammapada
a volte tradotto come *cammino del Dharma*, è un testo del Canone Buddhista. Questa opera è formata da 423 versetti raccolti in 26 categorie.

Diego Abatantuono
(Milano, 20 maggio 1955) è un attore, comico, sceneggiatore, e conduttore televisivo italiano.

Dogen
detto anche **Eihei Dōgen**
(Kyoto, 2 gennaio 1200 - Kyoto, 28 agosto 1253) è stato un monaco buddhista giapponese, fondatore della scuola buddhista giapponese Zen.

E

Edgar Faure
(Béziers, 18 agosto 1908 – Parigi, 30 marzo 1988) è stato uno scrittore e politico francese.

Edmund Burke
(Dublino, 12 gennaio 1729 – Beaconsfield, 9 luglio 1797), è stato un politico, filosofo e scrittore britannico, di origine irlandese.

Eleonore Roosevelt
(1884 - 1962) Moglie di Franklin Delano Roosevelt.

Emily Dickinson
vero nome **Emily Elizabeth Dickinson** (Amherst, 10 dicembre 1830 – Amherst, 15 maggio 1886) è stata una poetessa statunitense.

Emo Philips
nome d'arte di **Phil Soltanec**
(Chicago, 7 febbraio 1956), è un attore e comico statunitense.

Ennio Flaiano
(Pescara, 5 marzo 1910 – Roma, 20 novembre 1972) è stato uno scrittore, sceneggiatore e giornalista italiano.

Enzo Iacchetti
vero nome **Vincenzo Iacchetti**
(Castelleone, 31 agosto 1952) è un attore,
comico, conduttore televisivo e cantante
italiano.

Erasmo da Rotterdam
(Rotterdam, 1466/1469 – Basilea, 12 luglio
1536) è stato un teologo, umanista e filosofo
olandese.

Erich Fromm
vero nome **Erich Pinchas Fromm** (Francoforte
sul Meno, 23 marzo 1900 – Locarno, 18 marzo
1980) è stato uno psicoanalista e sociologo
tedesco.

Eros Drusiani
(- -) un illustratore italiano di Cattivik.

Eschilo
(Eleusi, 525 a.C. – Gela, 456 a.C.)
è stato un drammaturgo greco antico.

Euripide
(Salamina, 23 settembre 480 a.C. – Pella, 406
a.C.) fu un drammaturgo greco antico.

Evangelista Matteo - San Matteo
(nato Levi; Cafarnao?, fine del I secolo a.c. – Etiopia?, metà del I secolo d.C.), di professione esattore delle tasse, fu chiamato da *Gesù* ad essere uno dei dodici apostoli.

Ezio Greggio
(Cossato, 7 aprile 1954) è un attore, regista e conduttore televisivo italiano.

F

Fabio Fazio
(Savona, 30 novembre 1964)
è un conduttore televisivo italiano.

Filippo Turati
(Canzo, 26 novembre 1857 – Parigi, 29 marzo
1932) è stato un politico, avvocato e giornalista
italiano, tra i primi e importanti *leader* del
socialismo italiano, e tra i fondatori, nel 1892,
del Partito Socialista Italiano.

Fiorello
vero nome **Rosario Tindaro Fiorello** (Catania,
16 maggio 1960), è un conduttore radiofonico,
showman, cantante, imitatore e comico
italiano.

Francesca Angelinelli
(Busto Arsizio, 31 gennaio 1982) è una
scrittrice italiana, conosciuta come autrice di
narrativa fantastica e fantasy.

Francesco Bacone o **Sir Francis Bacon**,
(Londra, 22 gennaio 1561 – Londra, 9 aprile
1626), è stato un filosofo, politico e saggista
inglese.

Francesco Petrarca
(Arezzo, 20 luglio 1304 – Arquà, 19 luglio 1374) è stato uno scrittore, poeta e umanista italiano.

François de La Rochefoucauld
(Parigi, 15 settembre 1613 – Parigi, 17 marzo 1680) è stato uno scrittore e filosofo francese, il più grande scrittore di massime.

François-Marie Arouet,
più noto con lo pseudonimo di **Voltaire** (Parigi, 21 novembre 1694 – Parigi, 30 maggio 1778), è stato un filosofo, scrittore, drammaturgo e poeta francese.

Franklin Delano Roosevelt
(1882 - 1945) 32° presidente degli Stati Uniti.

Franz Kafka
(Praga, 3 luglio 1883 – Kierling, 3 giugno 1924) è stato uno scrittore ceco di lingua tedesca, una delle maggiori figure della letteratura del XX secolo.

Friedrich Wilhelm Nietzsche
(Röcken, 15 ottobre 1844 – Weimar, 25 agosto 1900) è stato un filosofo e scrittore tedesco.

G

Gabriel García Márquez
vero nome **Gabriel José de la Concordia García Márquez** (Aracataca, 6 marzo 1927 – Città del Messico, 17 aprile 2014) è stato uno scrittore e giornalista colombiano, insignito, nel 1982, del Premio Nobel per la letteratura.

Gabrielle Cirilli
(Sulmona (AQ) 12 giugno 1967 - vivente) attore e comico italiano

Galileo Galilei
(Pisa, 15 febbraio 1564 – Arcetri, 8 gennaio 1642) è stato un fisico, filosofo, astronomo e matematico italiano, padre della scienza moderna.

Gene Gnocchi
pseudonimo di **Eugenio Ghiozzi**
(Fidenza, 1 marzo 1955), è un comico, conduttore televisivo e calciatore italiano.

George Bernard Shaw
(Dublino, 26 luglio 1856 – Ayot St Lawrence, 2 novembre 1950) è stato uno scrittore e drammaturgo irlandese.

George Christoph Lichtenberg
(Oberramstadt, Darmstadt, 1 luglio 1742 – Gottinga, 24 febbraio 1799) è stato un fisico, scrittore e anglofilo tedesco. È molto noto soprattutto per i suoi aforismi.

George Orwell
pseudonimo di **Eric Arthur Blair** (Motihari, 25 giugno 1903 – Londra, 21 gennaio 1950), è stato uno scrittore e giornalista britannico.

Geppi Cucciari,
all'anagrafe **Maria Giuseppina Cucciari** (Cagliari, 18 agosto 1973), è un'attrice, comica e conduttrice televisiva italiana.

Giacomo Leopardi,
al battesimo conte **Giacomo Taldegardo Francesco di Sales Saverio Pietro Leopardi** (Recanati, 29 giugno 1798 – Napoli, 14 giugno 1837), è stato un poeta, filosofo, scrittore, filologo e glottologo italiano.

Giampiero Galeazzi
(Roma, 18 maggio 1946) è un giornalista, conduttore televisivo, telecronista sportivo ed ex canottiere.

Gianluca C. Cadeddu
(San Gavino Monreale 2 marzo 1970)
Scrittore sardo.

Giobbe Covatta
pseudonimo di **Gianmaria Covatta**
(Taranto, 11 giugno 1956), è un comico, attore
e scrittore italiano.

Giulio Andreotti
(Roma, 14 gennaio 1919 – Roma, 6 maggio
2013) è un politico, scrittore e giornalista
italiano. È stato uno dei principali esponenti
della Democrazia Cristiana.

Greta Garbo,
nome d'arte di **Greta Lovisa Gustafsson**
(Stoccolma, 18 settembre 1905 – New York, 15
aprile 1990), è stata un'attrice svedese, fra le
più celebri di tutti i tempi.

Groucho Marx
vero nome **Julius Henry Marks** (1890 – 1977),
attore e comico statunitense. Premio Oscar alla
carriera (1974)

H

Hakuin Ekaku
anche **Hakuin Zenji**
(Hara, 1686 – Hara, 1769) è stato un monaco
buddhista e maestro zen giapponese.

Helmar Nahr
(1931 – vivente), matematico ed economista
tedesco.

Henri de Régnier
All'anagrafe **Henri-Francois-Joseph de
Régnier** (Honfleur, 28 dicembre 1864 – Parigi,
23 maggio 1936) è stato uno scrittore e poeta
francese.

Henri Lacordaire
Vero nome **Jean-Baptiste Henri Lacordaire**
(1802 – 1861), ecclesiastico e oratore francese.

Henri-Frédéric Amiel
(1821 – 1881), filosofo svizzero.

Honoré de Balzac
(Tours, 20 maggio 1799 – Parigi, 18 agosto
1850) è stato uno scrittore, romanziere, critico,
drammaturgo, giornalista francese.

Hui Neng - Huìnéng
(Xinzhou, 638 – Shaoguan, 713)
è stato un monaco buddhista cinese, VI patriarca della scuola Chán secondo la tradizione della scuola del Sud.

I

Ibn Gabirol - Avicebron,
espressione latina di **Salomon ibn Gabirol**
(Malaga, ca. 1020), fu poeta, teologo e filosofo
ebreo.

Immanuel Kant
(Königsberg, 22 aprile 1724 – Königsberg, 12
febbraio 1804) è stato un filosofo tedesco. Fu
uno dei più importanti esponenti
dell'illuminismo tedesco.

Inayat Khan
(Vadodara, 5 luglio 1882 – Nuova Delhi, 5
febbraio 1927) è stato un mistico indiano.

Italo Svevo,
pseudonimo di **Aron Hector Schmitz,** nome
poi italianizzato in **Ettore Schmitz**
(Trieste, 19 dicembre 1861 – Motta di Livenza,
13 settembre 1928), è stato uno scrittore e
drammaturgo austriaco naturalizzato italiano.
Fu autore di romanzi, racconti brevi e opere
teatrali in lingua italiana.

Ivan Sergeevič Turgenev
(Orël, 9 novembre 1818 – Bougival, 3
settembre 1883) è stato uno scrittore e
drammaturgo russo.

J

Jacques Prévert
(Neuilly-sur-Seine, 4 febbraio 1900 – Omonville-la-Petite, 11 aprile 1977) è stato un poeta e sceneggiatore francese.

Janis Joplin
vero nome **Janis Lyn Joplin** (Port Arthur, 19 gennaio 1943 – Los Angeles, 4 ottobre 1970) è stata una cantante statunitense.

Jean Anouilh
(Bordeaux, 23 giugno 1910 – Losanna, 3 ottobre 1987) fu uno scrittore, regista e drammaturgo francese.

Jean de La Bruyère
(Parigi, 16 agosto 1645 – Versailles, 10 maggio 1696) fu un moralista e scrittore francese.

Jean de La Fontaine
(Château-Thierry, 8 luglio 1621 – Parigi, 13 aprile 1695) è stato uno scrittore e poeta francese, autore di celebri favole.

Jean Giraudoux
(Bellac, 29 ottobre 1882 – Parigi, 31 gennaio 1944) è stato uno scrittore e commediografo francese.

Jiddu Krishnamurti
(Madanapalle, 12 maggio 1895 – Ojai, 18 febbraio 1986) è stato un filosofo apolide. Di origine indiana, non volle appartenere a nessuna organizzazione, nazionalità o religione.

John Davison Rockefeller jr.
(1874 - 1960) industriale americano.

Jorge Luis Borges
vero nome **Jorge Francisco Isidoro Luis Borges Acevedo** (Buenos Aires, 24 agosto 1899 – Ginevra, 14 giugno 1986) è stato uno scrittore e poeta argentino.

Josè Mourinho
vero nome **José Mário dos Santos Félix Mourinho** (Setúbal, 26 gennaio 1963), è un allenatore di calcio portoghese.

José Saramago
vero nome **José de Sousa Saramago** (Azinhaga, 16 novembre 1922 – Tías, 18 giugno 2010) è stato uno scrittore, poeta e critico letterario portoghese, premio Nobel per la letteratura nel 1998.

Jules Renard
(Châlons-du-Maine, 22 febbraio 1864 – Parigi, 22 maggio 1910) è stato uno scrittore francese.

K

Karl Kraus

(Jičín, 28 aprile 1874 – Vienna, 12 giugno 1936) è stato uno scrittore, giornalista e autore satirico austriaco.

Khalil Gibran
(Bsharri, 6 gennaio 1883 – New York, 10 aprile 1931) fu un poeta, pittore e filosofo libanese.

Koan Zen o **Kōan**
è un termine proprio del *Buddhismo Zen.* Questo termine indica lo strumento di una pratica meditativa.

L

Lao Tze
translitterato anche **Lao Tzu, Lao Tse, Lao Tzi** vero nome **Laozi** (... – VI secolo a.C.)), è stato un filosofo cinese.

Lao Tzu
(vedi **Lao Tze**)

Leo Longanesi
(Bagnacavallo, 30 agosto 1905 – Milano, 27 settembre 1957) è stato un giornalista, editore, disegnatore, elzevirista e umorista italiano.

Leone Tolstoj
(vedi **Lev Nikolaevič Tolstoj**)

Leopold Fechtner
(– –), comico statunitense.
Lev Nikolaevič Tolstoj
(Jasnaja Poljana 28 agosto 1828 - Astopovo 7 novembre 1910), scrittore russo. Le sue più grandi opere sono: *Anna Karenina* e *Guerra e pace*.
Lin Yutang
(Banzi, 10 ottobre 1895 – Taipei, 26 marzo 1976) è stato uno scrittore e traduttore cinese.
Lin-Chi
(... - 867 A.C.) Maestro venerabile **Lin Chi Yi-Sen** fondò una delle scuole più influente di *Buddismo* dopo il sesto Patriarca *Hui Neng* in Cina.

Lisandro,
(Sparta, 440 a.C. circa – Aliarto, 395 a.C.), è stato un generale greco.
Luc de Vauvenargues
vero nome **Luc de Clapiers, marchese di Vauvenargues** (Aix-en-Provence, 6 agosto 1715 – Parigi, 28 maggio 1747), è stato uno scrittore, saggista e moralista francese.
Luca Laurenti
(Roma, 29 aprile 1963) è un cantante, personaggio televisivo, attore e doppiatore italiano.
Luciano De Crescenzo
(1928 – vivente), ingegnere, saggista e scrittore

italiano.

Luigi Pirandello
(Agrigento, 28 giugno 1867 – Roma, 10 dicembre 1936) fu un drammaturgo, scrittore e poeta italiano.

Lun-Yu o detti **I Dialoghi**,
sono una raccolta di pensieri e di frammenti di dialoghi del pensatore e filosofo cinese Confucio e dei suoi discepoli. Il titolo cinese significa letteralmente "discussione sulle parole di Confucio".

M

Madonna Louise Veronica Ciccone
(Bay City, 16 agosto 1958) è una cantautrice,
attrice, scrittrice, regista, ballerina e
produttrice discografica, stilista.

Mae West
vero nome **Mary Jean West** (New York, 17
agosto 1893 – Los Angeles, 22 novembre 1980)
è stata un'attrice statunitense.

Mahatma Gandhi
vero nome **Mohandas Karamchand Gandhi**
(Porbandar, 2 ottobre 1869 – Nuova Delhi, 30
gennaio 1948), è stato un politico e filosofo
indiano.

Marcel Proust
vero nome **Valentin Louis Georges Eugène
Marcel Proust** (Parigi, 10 luglio 1871 – Parigi,
18 novembre 1922) è stato uno scrittore
francese, ricordato per la sua opera *Alla ricerca
del tempo perduto*.

Marcello Marchesi
(Milano, 14 aprile 1912 – Cabras, 19 luglio
1978) è stato un comico, regista, sceneggiatore
paroliere e cantautore italiano.

Marco Aurelio
vero nome **Cesare Marco Aurelio Antonino**

Augusto (Roma, 26 aprile 121 – Vindobona, 17 marzo 180) è stato un imperatore, filosofo e scrittore romano.

Marco Borin
(- -) web-designer italiano

Marco Sarà
(- -) medico in Neuroriabilitazione italiano.

Maria Teresa Ruta
(Torino, 23 aprile 1960) è una showgirl e conduttrice televisiva italiana.

Marie Curie
vero nome **Maria Skłodowska**
(Varsavia, 7 novembre 1867 – Passy, 4 luglio 1934), è stata una chimica e fisica polacca, naturalizzata francese.

Marilyn Monroe
nome d'arte di **Norma Jeane Baker**
(Los Angeles, 1 giugno 1926 – Los Angeles, 5 agosto 1962), è stata un'attrice statunitense.

Mario Zucca
(Torino, 10 luglio 1955) è un attore, cabarettista e doppiatore italiano.

Mark Twain
vero nome **Samuel Langhorne Clemens**
(1835 - 1910) Giornalista scrittore americano, famoso soprattutto per due libri: ("Le avventure di Tom Sawyer", 1876, e "Le avventure di Huckleberry Finn", 1884)

Marta Cecchetto
(Foligno 18 giugno 1978) e una modella italiana.

Martina Navrátilová
(Praga, 18 ottobre 1956) è una ex tennista statunitense di origine cecoslovacca.

Massimo Boldi
vero nome **Massimo Antonio Boldi**
(Luino, 23 luglio 1945) è un comico, attore, cabarettista, e produttore cinematografico italiano.

Matteo Molinari
(- -) scrittore italiano

Maurizio Crozza
vero nome **Maurizio Carmelo Crozza**
(Genova, 5 dicembre 1959) è un comico, imitatore e conduttore televisivo italiano.

Michael Schumacher
(Hermülheim, 3 gennaio 1969) è un pilota automobilistico tedesco, statisticamente il più grande campione della Formula 1 di tutti i tempi.

Michel de Montaigne
vero nome **Michel Eyquem de Montaigne**
(Bordeaux, 28 febbraio 1533 – Saint-Michel-de-Montaigne, 13 settembre 1592) fu un filosofo, scrittore e politico francese.

Montesquieu
vero nome **Charles-Louis de Secondat, barone de La Brède et de Montesquieu,**
(La Brède, 18 gennaio 1689 – Parigi, 10 febbraio 1755), è stato un filosofo, giurista, storico e pensatore politico francese.

Morales Baltasar
vero nome: **Baltasar Gracián y Morales** (Belmonte de Gracián, 8 gennaio 1601 – Tarazona, 6 dicembre 1658) è stato un gesuita, scrittore e filosofo spagnolo.

N

Napoleone Bonaparte
(Ajaccio, 15 agosto 1769 – Isola di Sant'Elena, 5 maggio 1821) fu un politico e militare francese, nonché fondatore del Primo Impero francese.

Niccolò Machiavelli
(Firenze, 3 maggio 1469 – Firenze, 21 giugno 1527) fu un filosofo, scrittore e politico italiano.

O

Ogden Nash
vero nome **Frederic Ogden Nash**
(Rye, New York, 19 agosto 1902 – Baltimora,
19 maggio 1971) è stato un poeta statunitense.

Orson Welles
vero nome **George Orson Welles**
(Kenosha, 6 maggio 1915 – Hollywood, 10
ottobre 1985) è stato un attore, regista,
sceneggiatore e produttore cinematografico
statunitense.

Oscar Wilde
vero nome **Oscar Fingal O'Flaherty Wills
Wilde** (Dublino, 16 ottobre 1854 – Parigi, 30
novembre 1900) fu uno scrittore, poeta e

drammaturgo irlandese.

Osho Rajneesh
vero nome **Rajneesh Chandra Mohan Jain**, meglio conosciuto durante gli anni settanta come **Bhagwan Shree Rajneesh** e più tardi come **Osho** (Kuchwada, 11 dicembre 1931 – Pune, 19 gennaio 1990), è stato un filosofo e leader carismatico e maestro spirituale indiano.

Ovidio
vero nome **Publio Ovidio Nasone**, (Sulmona, 20 marzo 43 a.C. – Tomi, 18), fu un celebre poeta romano tra i maggiori elegiaci.

P

Pablo Neruda
(Parral, 12 luglio 1904 – Santiago, 23 settembre 1973) è stato un poeta cileno. Viene considerato una delle più importanti figure della letteratura latino americana contemporanea.

Pablo Picasso
(nome completo **Pablo Diego José Francisco de Paula Juan Nepomuceno María de los Remedios Cipriano de la Santísima Trinidad Mártir Patricio Clito Ruiz y Picasso**; Málaga, 25 ottobre 1881 – Mougins, 8 aprile 1973) è stato un pittore spagnolo di fama mondiale.

Papa Benedetto XVI
vero nome **Joseph Alois Ratzinger** (Marktl am Inn, 16 aprile 1927), è papa emerito della Chiesa cattolica, il 265° papa della Chiesa cattolica ed il sovrano assoluto della Città del Vaticano.

Paul Claudel
(Villeneuve-sur-Fère, 6 agosto 1868 – Parigi, 23 febbraio 1955) è stato un poeta, drammaturgo e diplomatico francese.
Paul Klee
(Münchenbuchsee, 18 dicembre 1879 – Muralto, 29 giugno 1940), è stato un pittore tedesco

Paulo Coelho
(Rio de Janeiro 24 agosto 1947 - vivente) Poeta e scrittore brasiliano.

Percy Bysshe Shelley
(Field Place 4 agosto 1792 - Viareggio 8 luglio 1822) Poeta inglese.
Pippo Baudo
all'anagrafe **Giuseppe Raimondo Vittorio Baudo** (Militello in Val di Catania, 7 giugno 1936), è un conduttore televisivo e musicista italiano, attivo dal 1959.
Pippo Franco
pseudonimo di **Franco Pippo** (Roma, 2 settembre 1940) è un comico, conduttore televisivo e cantante italiano.
Pitagora
(Samo, c. 575 a.C. – Metaponto, c. 495 a.C.) è stato un matematico, legislatore e filosofo greco antico secondo quanto tramandato dalla tradizione.

Primo Levi
(Torino, 31 luglio 1919 – Torino, 11 aprile 1987)
è stato uno scrittore italiano, autore di racconti, memorie, poesie e romanzi.

Q

Quino
vero nome **Joaquín Salvador Lavado,**
(Mendoza, 17 luglio 1932), è un autore di fumetti argentino.

R

Ralph Waldo Emerson
(Boston, 25 maggio 1803 – Concord, 27 aprile 1882) è stato un filosofo, scrittore e saggista statunitense. È stato anche un noto poeta.

Raul Cremona
(Milano, 10 novembre 1956) è un attore, cabarettista e illusionista italiano.

Re Salomone
(Gerusalemme, 1011 a.C. - Gerusalemme, 931 a.C.) è stato, secondo la Bibbia, uno tra i primi e più importanti re d'Israele.

Renzo Arbore
vero nome **Lorenzo Giovanni Arbore**
(Foggia, 24 giugno 1937) è un cantante, regista, attore e showman italiano.

Richard Milhous Nixon
(Yorba Linda, 9 gennaio 1913 – New York, 22 aprile 1994) è stato il 37° Presidente degli Stati Uniti d'America.

Richard Wagner
vero nome **Wilhelm Richard Wagner**
(Lipsia, 22 maggio 1813 – Venezia, 13 febbraio 1883) è stato un compositore, librettista, direttore d'orchestra e saggista tedesco.

Robert Frost
vero nome **Robert Lee Frost**
(San Francisco, 26 marzo 1874 – Boston, 29 gennaio 1963) è stato un poeta statunitense.

Robert Maynard Pirsig
(Minneapolis, 6 settembre 1928) è uno scrittore e filosofo statunitense, celebre soprattutto per il suo primo libro, *Lo Zen e l'arte della manutenzione della motocicletta* (1974).

Roberto Benigni
vero nome **Roberto Remigio Benigni** (Castiglion Fiorentino, 27 ottobre 1952) è un attore, comico, regista e sceneggiatore italiano.

Roberto Bettega
(Torino, 27 dicembre 1950) è un dirigente sportivo ed ex calciatore italiano, di ruolo attaccante.

Roberto Gervaso
(1937 - vivente) Giornalista e scrittore italiano.

S

Salvador Dalì
vero nome **Salvator Domingo Felipe Jacinto Dalí Domènech, marchese di Púbol**
(Figueres, 11 maggio 1904 – Figueres, 23 gennaio 1989), è stato un pittore, scultore, scrittore, cineasta e designer spagnolo.

Samuel Johnson
noto anche come **Dottor Johnson** (1709 – 1784), poeta e scrittore britannico.
Seng-ts'an
(Sōsan; ? – 606) è stato un monaco buddhista cinese, III patriarca della scuola Chán.
Shri Ramakrishna
vero nome **Gadadhar Chattopadhyay**, o come **Sri Ramakrishna Paramahamsa**
(Kamarpukur, 18 febbraio 1836 – Cossipore, 16 agosto 1886) è stato un mistico indiano.
Shunryu Suzuki
vero nome **Shogaku Shunryu**
(maggio 18, 1904 - il 4 dicembre 1971) Maestro Zen, che portò il Buddismo e lo Zen negli Stati Uniti

Sigmund Freud
vero nome **Sigismund Schlomo Freud**
(Freiberg, 6 maggio 1856 – Londra, 23 settembre 1939) è stato un neurologo e psicoanalista austriaco, fondatore della psicoanalisi, una delle principali correnti della

moderna psicologia.

Simon de Beauvoir
vero nome **Simone-Lucie-Ernestine-Marie Bertrand de Beauvoir** (Parigi, 9 gennaio 1908 – Parigi, 14 aprile 1986) è stata un'insegnante, scrittrice, filosofa, romanziera e femminista francese.

Simon Nye
(Burgess Hill, Sussex, 29 luglio 1958 - vivente) è un scrittore di televisione comico inglese.

Sofocle
(Colono (demo di Atene), 496 a.C. – Atene, 406 a.C.) è stato un drammaturgo greco antico. È considerato, insieme ad Eschilo ed Euripide, uno dei maggiori poeti tragici dell'antica Grecia.

T

Talete
(Mileto, 640 a.C./624 a.C. – circa 547 a.C.) è stato un filosofo greco antico.
È comunemente considerato il primo filosofo della storia occidentale.

Thomas Paine
(Thetford, 29 gennaio 1737 – New York, 8

giugno 1809) è stato un rivoluzionario, politico, intellettuale, idealista e studioso inglese, considerato uno dei Padri Fondatori degli Stati Uniti d'America.

Tito Maccio Plauto
(in latino: *Titus Maccius Plautus* o *Titus Maccus Plautu*; Sarsina, 255-251 a.C. (sulla base di una notizia di Cicerone) – 184 a.C.) è stato un commediografo romano.

Totò
nome d'arte di **Antonio Focas Flavio Angelo Ducas Comneno De Curtis di Bisanzio Gagliardi**, più noto come **Antonio De Curtis** (Napoli, 15 febbraio 1898 – Roma, 15 aprile 1967), è stato un attore, poeta e paroliere italiano.

U

Ugo Ojetti
(Roma, 15 luglio 1871 – Firenze, 1° gennaio 1946) è stato uno scrittore, critico d'arte e giornalista italiano.

Ugo Tognazzi
(Cremona, 23 marzo 1922 – Roma, 27 ottobre 1990) è stato un attore, regista, sceneggiatore teatrale, cinematografico e televisivo italiano.

V

Vittorio Alfieri
vero nome dell conte era **Vittorio Amedeo Alfieri** (Asti, 16 gennaio 1749 – Firenze, 8 ottobre 1803) è stato un drammaturgo, poeta e scrittore italiano.

Voltaire
vero nome **François-Marie Arouet** (Parigi, 21 novembre 1694 – Parigi, 30 maggio 1778), è stato un filosofo, scrittore, drammaturgo e poeta francese.

W

Walt Disney
vero nome **Walter Elias Disney** (Chicago, 5 dicembre 1901 – Burbank, 15 dicembre 1966), fu un animatore, autore di fumetti, imprenditore e cineasta statunitense.

Walter Gemma
(- -) cantante e comico italiano.

William Shakespeare
(Stratford-upon-Avon, 26 aprile 1564 – Stratford-upon-Avon, 23 aprile 1616) è stato un drammaturgo e poeta inglese.

Woody Allen
al secolo **Allan Stewart Königsberg** (New York, 1° dicembre 1935), è un regista,

sceneggiatore e attore statunitense, nonché comico, autore teatrale, scrittore umoristico e clarinettista jazz.

Y

Yasutani Roshi
o **Hakuun Yasutani** o anche **Sōtō Rōshi** (Giappone 1885 - 1973) e stato il fondatore del *Sanbo Kyodan Zen* organizzazione buddista.

Referenze bibliografiche

Frasi tratte:
da letture di libri, riviste,
sentite in tv, da siti internet.

Siti web:
www.aforismi.meglio.it
www.wikipedia.it
www.biografie.it
www.facebook.it
www.pensieriparole.it